脳も体も一緒に元気になる健康体操40

付 新聞棒体操10

斎藤道雄 著

2・3が？

黎明書房

はじめに

頭と体を同時に使う体操の本

この本は，運動不足解消と脳トレを同時にする体操の本です。

詳しく説明します。

この本は，
① 介護老人保健施設や特別養護老人ホームなどで，
② 心身機能が低下しがちなシニアと支援者が，
③ いっしょに楽しんで体を動かして，
④ 運動不足解消と脳トレを同時にするための本です。
⑤ おうちで，おひとりさまのシニアにもおススメします。

「シニアにウケる体操はありませんか？」

「頭と体を同時に使う体操はできませんか？」

あるデイサービスの女性スタッフの方から，こんな質問がありました。

シニアにウケる体操。
しかも，頭と体を同時に使う体操。
あるんです！

たとえば。

歩きながら足し算する。

足ぶみしながら両手でグーパーする。

腕を振りながら歌う。

こうすることで，頭と体を同時に使います。
脳トレと運動を組み合わせて行うことで，体と脳の機能低下を防ぎます。

「元気なシニアにできても，要介護シニアにはむずかしくないですか？」

だいじょうぶです！

　この本にある体操は，要介護シニアにもできるように，楽しくてかんたんな内容にしています。
　楽しければ，体を動かしたくなります。（つまらなければ居眠りしますが……）

「シニアがあきないようにするにはどうすればいいですか？」

　この本には，支援者のための「笑いのテクニック」があります。
　支援者がシニアを楽しませるための秘訣です。

「楽しくなければ体操じゃない！」
これがボクのモットーです。

　ぜひ，この本を読んで，遊び感覚で，気軽に，楽しんで，体操してください！　もちろん，シニアおひとりさまでも。

この本の 10 の特長

1 **脳トレ＋運動**
  頭を使う体操と体を動かす体操を同時にします。

2 **準備なしでできる**
  道具，準備一切不要です。（※新聞棒体操を除く）

3 **座ったままでできる**
  椅子に腰かけたまま，立ち上がったりしなくてもできます。

4 **楽しくできる**
  正確さよりも楽しさを重要視した体操です。

5 **かんたんにできる**
  複雑でむずかしい動きはありません。シニアにかんたんにできる動作です。

6 **脳を活性化する**
  見て，考えて，動く体操を取り入れています。

7 **絵を見てすぐにわかる**
  どんな体操なのか，イラストを見ればすぐに理解できます。

8 **介護現場のレクや体操に役立つ**
  デイサービスや介護施設のレクや体操に超おススメです。

9 **要介護シニアにもできる**
  自立から要介護レベルのシニアまで，かんたんに楽しんでできる体操です。

10 **一人からできる**
  シニアおひとりさまにも活用できます。

この本の使い方

① はじめにおススメの体操をしましょう！
↓
② ほかの体操にもトライしましょう！
↓
③ お気に入りの体操があれば，おススメの体操と入れ替えましょう！

朝の おススメ体操	① 栄養ドリンク→9ページ お気に入りの体操記入欄	
昼の おススメ体操	⑫ 変なかかし→ 20 ページ お気に入りの体操記入欄	
夜の おススメ体操	⑪ ブラブラ・フラフラ ↓ 19 ページ お気に入りの体操記入欄	

も　く　じ

Ⅰ ウォームアップ

① 栄養ドリンク

栄養ドリンクを飲むマネをしてモリモリポーズをしましょう！

■ ねらい
とききめ 〈 胸のストレッチ 〉 〈 手首の柔軟性維持 〉

楽しみかた

① 栄養ドリンクのふたを回してあけるマネをします。
② 片手を腰に置いて，胸を張って，栄養ドリンクを飲むマネをします。
③ 最後は，元気一杯にモリモリポーズをしておしまいです！

みちお先生のケアポイント

・①のときに，手を軽く握ると，手首を柔らかく使えます！

笑いのテクニック
・支援者とシニアが，タイミングを合わせていっしょに動作をすると，楽しくできます！

② ジャンケン動物

ジャンケンで負けた人は動物のマネをしましょう！

ねらい
とききめ ［ イメージ力アップ ］

楽しみかた

① 支援者とシニアでジャンケンをします。

② 勝った人は，動物の名前をひとつ言います。負けた人は，その動物のものマネをします。

③ 同様にして繰り返します。

カニ！

同様に繰り返す

みちお先生のケアポイント

・動物をイメージして，ゆっくりとていねいに動作するように心がけましょう！

笑いのテクニック

・「おなかが痛いゴリラ」や「大爆笑するサル」など，無茶ぶりをしても楽しいです！

③ チャー・シュー・メン！

「チャー・シュー・メン！」のリズムで，ゴルフスイングをしましょう！

**ねらい
とききめ**　⟨肩の柔軟性維持⟩ ⟨リズム体感⟩

楽しみかた

① 　両手を軽く握り，ゴルフスイングのマネをします。
② 　「チャー」で構え，「シュー」で振り上げ，「メン」でスイングします。
③ 　最後は，飛んだボールの行方を見るようなポーズをして終わります。

みちお先生のケアポイント

・声に出しながら動作をすると，リズム感がよくなります！

笑いのテクニック
・「打ったはずのボールが，まさかの空振りだった!?」そんな動作も笑いになります！

11

④ やじろべー

やじろべーのポーズをして，ゆっくりと上体を左右に傾けましょう！

**ねらい
とききめ** （バランス力アップ）（足腰強化）

楽しみかた

① 片足を上げて，両腕を横に伸ばして，手のひらを下にします。
② ゆっくりと上体を横に傾けます。
③ 元に戻します。反対側にも同様にします。（左右交互に２回ずつ）

左右交互に
２回ずつ

みちお先生のケアポイント

・むずかしいときは，両足を床につけてしてもオッケーです！

笑いのテクニック
・上体を傾けたらビックリ顔，元に戻したら笑顔，表情を変えてすると楽しいです！

12

⑤ ラーメン職人

ラーメン職人になったつもりで，湯切りの動作をしてみましょう！

❚ ねらい
　ときめ　　　（ 手首の柔軟性維持 ）（ イメージ力アップ ）

楽しみかた

① 　ラーメンの湯切りをする感じで，力強く片手を上下に動かします。
② 　支援者は，「ふつう」「硬（かた）」「バリ硬（かた）」など，麺の硬さをリクエストします。
③ 　シニアは，リクエストに合わせて，手の動きを変えましょう！

みちお先生のケアポイント

・あまり力まないように。手首や肩の力を抜いて，リラックスしてしましょう！

笑いのテクニック
・最後にラーメンを食べるはずが，まさかのステーキを食べるマネをしちゃいましょう！

⑥ ものマネジャンケン

手をたたいたあとに，あいこになるように同じものを出しましょう！

■ <ruby>ねらい<rt></rt></ruby>
<ruby>ときめき<rt></rt></ruby>　　(反応力アップ)　(手先の器用さ維持)

楽しみかた

① 　支援者は手を2回たたいて，（両手で）グーチョキパーのいずれかを出します。

② 　シニアは，それを見て，素早く同じものを出します。

③ 　ランダムに何度か繰り返します。

みちお先生のケアポイント

・「タン・タン・グー，タン・タン・チョキ，タン・タン・パー」こんな感じのリズムでどうぞ！

笑いのテクニック
・バンザイしたり，両手をひろげたり，ときどき，意外なポーズを混ぜても楽しいです！

⑦ 給水地点

マラソンの給水地点で水分補給するマネをしましょう！

| ねらい
と ききめ   足腰強化   反応力アップ

楽しみかた

① シニアは，マラソンをしている感じで，ゆっくりと走るマネをします。

② 支援者は，「ペットボトル」「スポンジ」「バナナ」のいずれかの動作を声に出してします。

③ ペットボトルは水を飲むマネ，スポンジは頭から水をかぶるマネ，バナナは皮をむいて食べるマネをします。間違えずに出来たら最高です！

みちお先生のケアポイント

・むずかしいときは，足ぶみをなしにして，手だけの動作にしてもオッケーです！

笑いのテクニック
・「ラーメン」「カレーライス」「ステーキ」など，ふつうではありえないものを混ぜてみると笑えます！

⑧ 自動改札機

音を聞いて，自動改札機を通過しましょう！

ねらい
とききめ　〔 足腰強化 〕〔 イメージ力アップ 〕

楽しみかた

① 足ぶみをして，自動改札機を通過するマネをします。
② 支援者が「ピッ」と言ったら通過，「ピンポーン！」と言ったらストップします。
③ すばやく反応出来たら大成功です！　繰り返してどうぞ！

みちお先生のケアポイント

・はじめに，支援者が見本を見せると，とても理解しやすいです！

笑いのテクニック
・「ピッ」と言いながら，両手を前に出して（通過のはずが）ストップのポーズをすると，頭が混乱して笑えます！

⑨ 爆笑五十音

「アハハ」「ナハハ」「ヒヒヒ」……, 五十音で大笑いしましょう!

ねらい
とききめ　〔 口腔機能維持 〕　〔 いい気分 〕

楽しみかた

①　支援者が「ア行」と言ったら, シニアは「アハハ・イヒヒ・ウフフ・エへへ・オホホ」と笑います。

②　同様にして, 支援者は, ア行からワ行までをランダムに指示します。

③　上手に笑えたら, 最高です!

みちお先生のケアポイント

・声は出しても, 出さないでしてもオッケーです!

笑いのテクニック

・声だけでなく, おなかをかかえたり, 手をたたいたりなど, 身振り手振りの動作を加えると楽しくできます!

⑩ 振り向いて見つめあって

背中合わせの状態から振り向いて，目と目を合わせましょう！

▌ねらい
とききめ 　　〔 首と体側のストレッチ 〕

楽しみかた

① 　支援者はシニアと背中合わせになるように椅子に座ります。

② 　手を２回たたいて，同時に後ろを振り向きます。

③ 　（同じ方向を振り向いて）目と目が合えば大成功です！　10回トライしましょう！

10回 トライしましょう

みちお先生のケアポイント

・首だけの動作でなく，上体をひねると動作がかんたんです！

笑いのテクニック
・目と目が合ったらニッコリ笑うと，楽しくて，いい気分です！

⑪ ブラブラ・フラフラ

手腕をブラブラしたり，体をフラフラしたりしましょう！

▎ねらい
とききめ　 リラックス 　 バランス感覚アップ

楽しみかた

① 　腕と肩の力を抜いてリラックスします。
② 　支援者が「ブラブラ」と言ったら手腕をブラブラ，「フラフラ」と言っ
　　たら，上体をフラフラします。
③ 　休み休み，繰り返します。

みちお先生のケアポイント

・足を肩幅にひらいてすると，上体が安定します。

笑いのテクニック
・「ぽか～ん」と口をあけて，頭の中は空っぽの感じですると，超楽しい
　です！

⑫ 変なかかし

片手を上に，反対の手は横に，片足は前に伸ばしましょう！

ねらい
とききめ　〔 バランス力アップ 〕 〔 足腰強化 〕

楽しみかた

① 　右腕を上に伸ばして，左腕を横に伸ばして，左足を前に伸ばします。

② 　これと反対のポーズ（左腕を上，右腕を横，右足を前）をします。

③ 　交互に2回ずつします。

左右交互に
2回ずつ

みちお先生のケアポイント

・無理をしないように。多少ひじやひざが曲がってもオッケーです！

笑いのテクニック

・ときどき，両手を頭の上に乗せたり，人差し指をほっぺにつけたり，お
もしろいポーズを入れると，笑いになります！

⑬ 気分はカップル

ふたりで仲良く腕を組んで足ぶみをしましょう！

■ ねらい
とききめ　　(足腰強化)(いい気分)

楽しみかた

① 　支援者はシニアの隣に座ります。
② 　ふたりで仲良く腕を組んで足ぶみをします。
③ 　８歩して一休み。４回繰り返します。

８歩　　　　　　　　　　　　４回
　　　　　　　　　　　　　繰り返す

みちお先生のケアポイント

・むずかしいときは，手をつなぐマネでもオッケーです！

笑いのテクニック
・ほかにも，相合傘（あいあいがさ）で足ぶみも楽しいです！

⑭ 指で掛け算

掛け算の答えを，指文字で表しましょう！

ねらい
とききめ　〔 手先の器用さ維持 〕〔 肩の柔軟性維持 〕

楽しみかた

① 支援者は，「２・３が？（２×３）」「３・６？（３×６）」など掛け算
（九九）の問題を出します。
② シニアは，指で答えを表わします。
③ 支援者は，問題をランダムに繰り返します。

みちお先生のケアポイント

・支援者は，言葉といっしょに，指の本数で数字を表すとわかりやすいで
　す！　（３×６の答えは，指を１本立ててから両手で８本と表わします）

笑いのテクニック
・ときどき，「12×9」とか，「17×8」など，わざと暗算がむずかしい
　問題を出すのもありです！

⑮ スイカ割体操

スイカ割の動作をマネしてみましょう！

ねらい と ききめ ⎡足腰強化⎤

楽しみかた

① シニアはスイカ割をする要領で，目を閉じて足ぶみを8歩します。

② 「右に1歩」「小さく前2歩」「大きく前に1歩」など，支援者やまわりの人が声掛けをして誘導します。割るときの声掛けもしましょう。

③ スイカをまっぷたつに割るつもりで，上から棒を振り下ろす動作して終わります。

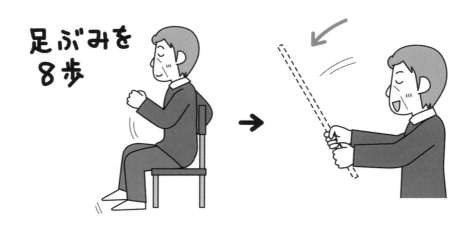

みちお先生のケアポイント

・イスから落ちないように，深く腰かけてしましょう！

笑いのテクニック

・声掛けのとき，「深呼吸」「笑顔」「ビックリ顔」など，全然関係ないことを言っても笑いになります！

⑯ タッチジャンケン

グーで，チョキで，パーでタッチしましょう！

ねらい と ききめ 〔肩の柔軟性維持〕〔反応力アップ〕

楽しみかた

① 支援者はシニアと向かい合わせになります。
② グーでグータッチ，チョキでチョキタッチ，パーでハイタッチのマネを両手でします。
③ 支援者はグーチョキパーをランダムに変えながら繰り返します。

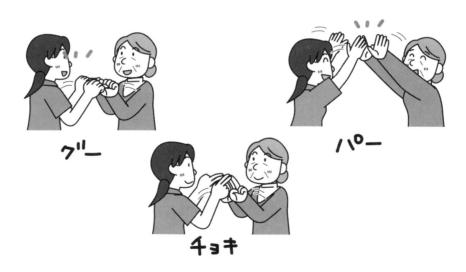

グー

チョキ

パー

みちお先生のケアポイント

・シニアの心身レベルに合わせて，手を低くしたり高くしたりしましょう！

笑いのテクニック
・ひじタッチ，つまさきタッチ，想定外の動作も混ぜてみると楽しいです！

⑰ 見ざる言わざる聞かざる

シニアは素早く支援者と異なるポーズをしましょう！

| ねらい
とききめ | 反応力アップ | 手先の器用さ維持 |

楽しみかた

① 　支援者はシニアと向かい合わせになります。

② 　支援者は，１.両手で目を隠す，２.両手で口を押さえる，３.耳をふさ
ぐのいずれかのポーズをします。

③ 　シニアは支援者とは異なるポーズをします（支援者が目を隠したらシニ
アは口を押さえる，または耳をふさぐ）。間違えずにできたら，最高です！

みちお先生のケアポイント

・はじめは，３つの動作を覚えるまで，ゆっくりと確認しながらしましょ
う！

笑いのテクニック

・ときどき，腕組みをしたり，両手で頭をさわったり，想定外の動作を入
れちゃいましょう！

18 ３の倍数で笑顔になる拍手

拍手をして，３の倍数でニッコリ笑いましょう！

■ ねらい
とききめ 　(手先の器用さ維持)　(集中力アップ)

楽しみかた

① 　拍手を 30 回，声を出してかぞえながらします。
② 　ただし，３の倍数（３，６，９……）は，拍手をせずに，ニッコリと笑います。
③ 　間違えたら，はじめからもう一度。楽しんでどうぞ！

みちお先生のケアポイント

・むずかしいときは，拍手を 10 回にしてもオッケーです！

笑いのテクニック
・笑う時に，両手をひらいたり，片足を上げたり，手足の動作も同時にすると，爆笑度アップです！

⑲ 超あっち向いてホイ

あっち向いてホイを上体を捻ってしましょう！

▌ねらい
　ときぎめ　　（ 体側のストレッチ ）（ 集中力アップ ）

楽しみかた

① 　支援者はシニアと向かい合わせになります。
② 　支援者は手を2回たたいて，右か左を指さします。
③ 　シニアは，指を指した方向と反対の方向に上体を向けます（捻ります）。
　　間違えずに出来たら最高です！

みちお先生のケアポイント

・同じ方向を向かない。「指と反対の方向を向くとよい」ことを理解する
　のがポイントです！

笑いのテクニック
・右を指さすと見せかけて左を指さしたりすると，混乱して笑いになりま
　す！

⑳ 足組腕組

背筋を伸ばして，足を組みながら腕組もしましょう！

ねらい
とききめ 　（巧緻性アップ）（姿勢保持）

楽しみかた

① 椅子に浅く腰かけて，足を組んで座ります。
② 背筋をまっすぐにピンと伸ばして，腕組をします。
③ 元に戻して，反対側の動作（足組と腕組）をします。左右交互に２回ずつします。

左右交互に
２回ずつ

みちお先生のケアポイント

・椅子からの転倒に注意。ゆっくりとていねいに動作しましょう！

笑いのテクニック
・反対側の動作をするときに，たまに混乱することがありますが，それはそれで笑いになります！

㉑ いま何歩？

支援者の足ぶみの歩数を覚えて，シニアも同じ歩数だけ足ぶみしましょう！

▌ねらい
と**ききめ**　　（ 足腰強化 ）（ 記憶力維持 ）

楽しみかた

① 支援者が先に足ぶみをして，シニアは同じ歩数だけ足ぶみをします。
② 支援者は 1 歩〜 10 歩までランダムに足ぶみをします。
③ 全部で 4 回トライします。

みちお先生のケアポイント

・両手を前後に大きく振って，胸を張って，元気に足ぶみしましょう！

笑いのテクニック

・駆け足でしたり，スローモーションでしたり，テンポを変えてみると楽くできます！

㉒ ものまね足グーパー

支援者が足を閉じたりひらいたりするのを，シニアもマネしましょう！

ねらい
とききめ 　⟨股関節（こ かんせつ）の柔軟性維持⟩ ⟨反応力アップ⟩

楽しみかた

① 　支援者は「グー」と言って足を閉じて，「パー」と言って足をひらきます。

② 　ひっかけとして，「グー」と言って足をひらいたり，「パー」と言って足を閉じたりします。

③ 　シニアは，支援者と同じ動きができたら大正解です。

みちお先生のケアポイント

・支援者は大きくアクションして，はっきりとしゃべりましょう！

笑いのテクニック

・「チョキ」と言って両手をチョキにする。想定外の動作も混ぜちゃいましょう！

㉓　あべこべジャンケン

ジャンケンに勝ったらおじぎ，負けたら胸を張りましょう！

▌ねらい
　と ききめ　　◯ 胸のストレッチ ◯　◯ 反応力アップ ◯

楽しみかた

① 　シニアと支援者でジャンケンをします。
② 　勝った人はおじぎ，負けた人は両手を腰に置いて胸を張ります。
③ 　先にポーズをした方を勝ちとします。繰り返してどうぞ！

みちお先生のケアポイント

・テンポよく行うことで，よい運動になります！

笑いのテクニック
・支援者が，わざと間違えることで，笑いになります！

㉔ 足ぶみ山手線ゲーム

足ぶみをしながら，野菜の名前を言いましょう！

ねらい
とききめ 〔 脚力アップ 〕〔 考える力アップ 〕

楽しみかた

① 胸を張って，腕を前後に振って，足ぶみをします。
② 足ぶみをしながら，野菜の名前を３つ言います。
③ 一休みして，４回繰り返します。（同じ野菜はなしです）

ナス
　　レタス

ゴボウ

みちお先生のケアポイント

・むずかしいときは回数を減らして，余裕があれば回数を増やしてオッケーです！

笑いのテクニック
・支援者は，「りんご」とか「メロンパン」など，わざと間違えると，盛り上がります。

野菜の例

ナス　キュウリ　ダイコン　キャベツ　ピーマン　トマト　ネギ　コマツナ
ホウレンソウ　ハクサイ　ゴボウ　ニンジン　レタス　タマネギ　……

㉕ だるまさんがころんだ

「だるまさんがころんだ」を取り入れた足ぶみをしましょう！

ねらい
とききめ （ 足腰強化 ）（ 集中力アップ ）

楽しみかた

①　シニアは，足音を立てないようにして，水中を歩いているように，（なるべく大げさに）手足を動かして歩くマネをします。

②　支援者は「だ・る・ま・さ・ん・が・こ・ろ・ん・だ」と声を出して言います。言い終えた瞬間に，シニアはそのままのポーズで静止します。

③　一休みして，再開します。

みちお先生のケアポイント

・支援者は，はっきりと発音するように心がけましょう！

笑いのテクニック
・支援者は，早口にしたり，ゆっくりと言ったり，ゆっくりからいきなり早くすると，変化があって，楽しくできます！

26 アクセルとブレーキ

車の運転をしているつもりで，アクセルとブレーキの動作をしましょう！

▌ねらい
　とききめ　〔 足腰強化 〕〔 反応力アップ 〕

楽しみかた

① シニアはハンドルを握って，車の運転をする動作をします。

② 支援者は，「アクセル」と「ブレーキ」のいずれかを声に出して言います。

③ 「アクセル」は右足で踏む動作を，「ブレーキ」は左足でブレーキを踏む動作をします。間違えずに出来たら大成功です！

みちお先生のケアポイント

・はじめは，ハンドルを動かすだけの動作で，慣れてきたら徐々にアクセルとブレーキの操作を増やしましょう！

笑いのテクニック

・「クラクション」「ウインカー」など，想定外の動作も取り入れちゃいましょう！

㉗ 自由にパンチ

前に，横に，上に，パンチを繰りだしましょう！

■ ねらい
と きらめ 　(足腰強化)(集中力アップ)

楽しみかた

① 　右手で前にパンチ（1），左手で前にパンチ（2）します。
② 　右手で（右）横にパンチ（3），左手で（左）横にパンチ（4）します。
③ 　右手で上にパンチ（5）して，左手で上にパンチ（6）します。両手でひざを2回（7，8）たたきます。声を出して，1〜8までカウントしながらします。一休みして，4回繰り返します。

みちお先生のケアポイント

・むずかしいときは，動作を4つに分けて（1と2，3と4，5と6，7と8）練習しましょう！

笑いのテクニック
・慣れてきたら徐々にテンポアップして，最後は猛スピードで，めちゃくちゃな動作にすると笑えます！

㉘ 頭と言ったらひざ

「頭」と言ったらひざ，「ひざ」と言ったら頭をさわりましょう！

■ ねらい
と ききめ 　 肩の柔軟性維持 　 反応力アップ

楽しみかた

① 支援者が「頭」または，「ひざ」のどちらかを声に出して言います。

② 「頭」のときはひざ，「ひざ」のときは頭を，シニアはさわります。

③ 支援者は，「頭」か「ひざ」のどちらかをランダムに繰り返します。

みちお先生のケアポイント

・支援者は，なるべく大きな動作で，ゆっくり，はっきりと発音しましょう！

笑いのテクニック

・支援者が「頭」と言って頭をさわったりする動作を交えると，混乱して笑いになります！

㉙ 「靴が鳴る」で首体操

「靴が鳴る」を歌いながら，指の方向に顔を向けましょう！

■ ねらい と ききめ　〔 血行促進 〕〔 肩こり予防 〕

楽しみかた

① 支援者とシニアは，手をたたきながら，「靴が鳴る」（おててつないで～）の歌を歌います。

② 歌のところどころで，支援者は，上下左右を指さします。

③ シニアは支援者の指を指した方向に顔を向けます。最後まで間違えずに出来たら最高です！

おててー♪

みちお先生のケアポイント

・上下左右がむずかしいときは，左右だけの動きにしてオッケーです！

笑いのテクニック
・途中でいきなり，鼻やおへそなど，想定外の場所を指さしてみるのも楽しいです！

コラム①

シニアにむずかしいことをしてはいけない？

「シニアにはむずかしくないですか」

　シニアの体操をしていると，よくそんな質問があります。
　とくに，要介護シニアになれば，なおさらです。
　ボクの答えは，「できるできないにこだわらずに楽しんでする」
です。

　では，どうしてむずかしいといけないのでしょうか？

　それは，心のどこかに，「シニアにできないことをさせてはいけ
ない」とか，「できないことはいけない」という気持ちがあるから
です。

　そうではなく，「できなくてもいい」「間違えてもいい」というふ
うに考えを変換したらどうでしょうか。

　そのほうが，現場のムードも明るくなりますし，全員の意欲も高
まります。

　ちなみに，ボクは見本を見せるときに，わざと間違えることがあ
ります。
　「先生も間違えるんだ～」
　みなさんは笑いながら言います。
　そうやって，みなさんの気持ちを楽にします。

　「間違えてはいけない」より「間違えてもいい」。
　どちらが気軽に体操できると思いますか。
　ボクなら迷わず「間違えていい」と答えます。

㉚ たたいてこねて

もちつきをするイメージで，手をたたく動作とこねる動作をしましょう！

ねらい
とききめ
〔手先の器用さ維持〕〔リズム体感〕

楽しみかた

① 支援者は両手を上下に動かして手をたたきます。
② シニアは，支援者の手が上下にひらいているときに，素早く片手を入れて戻します。（もちをこねるようなイメージ）
③ ふたりでタイミングを合わせてできたら最高です！

みちお先生のケアポイント

・はじめは，ゆっくりとしたテンポから。慣れてきたら徐々に速くしていきましょう！

笑いのテクニック
・猛スピードで手をたたいて，超むずかしくしても笑えます！

㉛ 「ふるさと」でグーチョキパー

「ふるさと」の歌に合わせて，グーチョキパーをしましょう！

ねらい
とききめ 〔 手先の器用さ維持 〕〔 声を出す 〕

楽しみかた

① 支援者とシニアで「ふるさと」（うさぎ追いしかの山～）を歌います。
② 支援者は両手でグーチョキパーを，シニアは両手でパーグーチョキを繰り返します。
③ 間違えたら，もう一度最初からどうぞ！

みちお先生のケアポイント

・むずかしいときは，支援者とシニアの動作を反対にしてもオッケーです！（支援者がパーグーチョキ，シニアがグーチョキパー）

笑いのテクニック
・支援者が，シニアのすぐ目の前でグーチョキパーをすると，シニアも思わずつられそうになります。

32 たたいてふいて

机をたたく，机をふく，両手同時にやってみましょう！

■ **ねらい**
とききめ （手先の器用さ維持）

楽しみかた

① 片手をグーにして，トントンと（机をたたくように）上下に動かします。
② 反対の手はパーにして，ゴシゴシと（ふきんで机の上をふくように）左右に動かします。
③ 片方ずつ練習したら，両手同時にどうぞ！

両手同時に

みちお先生のケアポイント

・はじめに片手だけで練習して，そのあとに両手でいっしょにしましょう！

笑いのテクニック
・そのまますれば，おかしな手の動きになるので笑いになります！

33 あべこべグーチョキパー

片手はグーチョキパー，反対の手はパーグーチョキ，両手同時にしましょう！

ねらいとききめ　手先の器用さ維持

楽しみかた

① 片手を前に出して，グーチョキパーをします。
② 同様に反対の手で，パーグーチョキとします。
③ これを同時にします。上手に出来たら最高です！

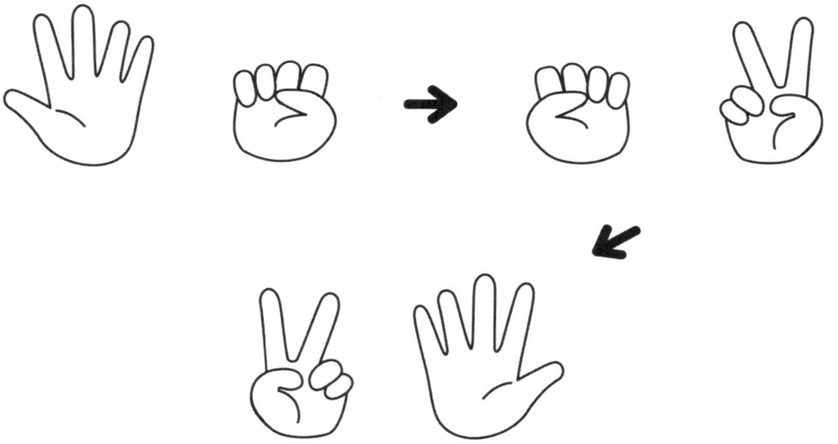

みちお先生のケアポイント

・むずかしいときは，一つ一つの動作を区切って（一度止めて）しましょう！

笑いのテクニック

・左右の手を替えてすると，レベルアップします。混乱して，間違えが笑いになります。

34 小さな輪と大きな輪

両手で小さな輪をつくったり，大きな輪をつくったりしましょう！

ねらいとききめ （手先の器用さ維持）（肩の柔軟性維持）

楽しみかた

① 支援者は「小さな輪」と言って，両手（の指）で胸の前で輪をつくります。
② 支援者は「大きな輪」と言って，頭の上で両腕で輪をつくります。
③ ひっかけとして，「小さな輪」と言って大きな輪の動作をしたり，「大きな輪」と言って小さな輪の動作をします。シニアは支援者の言葉通りに動作が出来たら大成功です！

みちお先生のケアポイント

・小さな輪のときは体を丸く小さくして，大きな輪のときは胸を張って動作しましょう！

笑いのテクニック
・小さな輪のときに大きな声ですると，間違いを誘います。間違えが笑いになります。

43

㉟ 空中しりとり

宙に大きな文字を書いて，しりとりをしましょう！

ねらい
とききめ　〔 手先の器用さ維持 〕 〔 集中力アップ 〕

楽しみかた

①　支援者とシニアでしりとりをします。
②　言葉で言う代わりに，指で宙に文字を書きます。
③　できるかぎり宙に大きな文字を書きましょう！

みちお先生のケアポイント

・はじめは，かんたんな 2 文字の言葉からスタートしましょう！

笑いのテクニック
・支援者が，わざと「ん」のつく言葉を書いてしまうのも楽しいです！

36 両手ジャンケン足し算

ジャンケンして，すばやく全部の指を足し算しましょう！

▌ねらい
ときゝめ （手先の器用さ維持）（計算力アップ）

楽しみかた

① 支援者とシニアは両手でジャンケンをします。

② グーは0，チョキは2，パーは5です。全部の指の数を足し算します。

③ 先に正解した人が勝ちです。何度か繰り返して行います。

みちお先生のケアポイント

・むずかしいときは，片手でジャンケンして，同様にしてもオッケーです！

笑いのテクニック

・間違いを気にせず，楽しんでしましょう！

㊲ 何回拍手

支援者が拍手をした数を記憶して，シニアも拍手しましょう！

┃ ねらい
┃ とききめ 　〔 記憶力維持 〕〔 手先の器用さ維持 〕

楽しみかた

① 支援者が「パン・パン・パン」と拍手を 3 回します。

② そのあとに，シニアも同様に「パン・パン・パン」と拍手をします。

③ 支援者は，1 回〜10 回まで，数をランダムに変えて拍手します。シニアがマネできたら大成功です！

みちお先生のケアポイント

・同時に拍手するのではなく，「支援者が拍手したあとする」のがコツです！

笑いのテクニック

・18 回や 26 回など，超難しくすることで，笑いになります（苦笑）。

38 口だけグーチョキパー

口で「グーチョキパー」と言いながら，手で「パーチョキグー」しましょう！

ねらいとききめ 巧緻性アップ

楽しみかた

① 「グーチョキパー」とゆっくりとはっきりと言います。

② これと同時に，両手でパーチョキグーをします。

③ 言葉と手の動作が同じにならないように。徐々にスピードを上げながら何度か繰り返します。

みちお先生のケアポイント

・むずかしいときは，口と手を同じ（「グーチョキパー」と言いながら，手でグーチョキパーする）にしてもオッケーです！

笑いのテクニック

・口と手が同じになってしまったら？　笑って楽しんでください！

㊴ 前とびと後ろとび

片手は前に，反対の手は後ろ，両手同時に回してみましょう！

ねらい
とききめ 〔手首の柔軟性維持〕

楽しみかた

① 両手を軽く握って，なわとびをするように手を動かします。
② 片手は前とびをするように，反対の手は後ろとびをするように回します。
③ 両手同時にどうぞ！

みちお先生のケアポイント

・はじめに，片手ずつ練習してから，両手同時にしましょう！

笑いのテクニック
・できないときは，めちゃくちゃに手を動かしてしまっても，笑いになります！

㊵ １・２の３で指伸ばし

１本，２本，３本……と順に指をまっすぐに伸ばしましょう！

| **ねらい**
ときぎめ （指のストレッチ）

楽しみかた

① 片手を前に出して，１本，２本，３本と順に伸ばします。
② 反対の手は，２本，３本，１本と順に伸ばします。
③ これを両手同時にします。間違えても笑ってどうぞ！

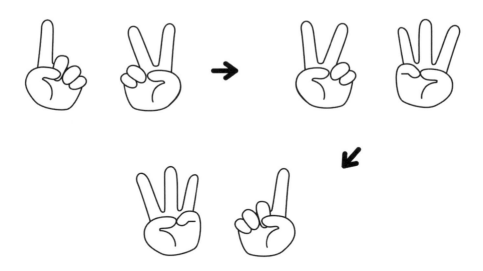

みちお先生のケアポイント

・むずかしいときは，一つのひとつ動作を止めてしまいましょう！

笑いのテクニック
・支援者がわざと変な指を出して間違えるのも笑いになります！

コラム②

新聞棒を利用して体操をする

新聞棒が１本あれば，いろいろな使い方ができます。
新聞棒を利用して楽しく体を動かすことができます。

たとえば，肩たたき。
新聞棒で肩をたたきます。
　首，肩甲骨，背中，腰，ふくらはぎなど，新聞棒を使えば，手が届かないようなところまでたたくことができます。

そして，バランス棒。
手のひらの新聞棒を立たせます。
新聞棒が倒れないように，うまくバランスをとります。
思わず手のひらに意識が集中します。

さらに，反射棒。
上から落とした新聞棒を片手で素早くキャッチします。
反射神経が鍛えられます。

このように新聞棒を利用すれば，かんたんに楽しく体操ができます。

新聞棒のつくりかた
①　新聞紙５枚を重ねて半分に折ります。
②　新聞紙を棒状に丸めます。
③　両端をセロテープで止めて完成です。

5枚

① パスしてキャッチ

新聞棒を両手で下からパスしましょう！

| ねらい と ききめ | 手先の器用さ維持 |

楽しみかた

① 支援者は，新聞棒を両手で持ちます。

② 支援者はシニアに，新聞棒を両手で下からそうっとパスします。

③ シニアは新聞棒を両手でキャッチします。10回繰り返します。

みちお先生のワンポイント

・ふたりの間隔を（握手できるぐらいの距離で）短くするとかんたんです！

笑いのテクニック
・パスするときに「はい」と声を上げてすると楽しいです！

② コロコロ新聞棒

手のひらの上に新聞棒を乗せてコロコロしましょう！

| ねらい
と ききめ　　（ 手先の器用さ維持 ）（ 集中力アップ ）

楽しみかた

① 新聞棒を手のひらの上に横にして乗せます。
② 新聞棒を落とさないように，手のひらの上で転がします。
③ 一休みして，反対の手でします。

みちお先生のワンポイント

・むずかしいときは，少し指を曲げてしてもオッケーです！

笑いのテクニック
・「おっとっと～」と，わざと落としそうにしてバランスを崩してみせる
　のも楽しいです！

③ たたいてほぐして

肩，背中，腰，新聞棒で体をたたいてほぐしましょう！

ねらい
とききめ 　（ 血行促進 ）（ リラックス ）

楽しみかた

① 新聞棒を片手に持ちます。
② 肩，背中，ふくらはぎなど，体のあちこちを新聞棒でたたきます。
③ 一休みして，もう一度どうぞ！

みちお先生のワンポイント

・心地よい力加減でしましょう！

笑いのテクニック
・「超気持ちいいー」そんな表情ですると，より気持ちよくできます。

53

④ サムライ体操

腰に差した新聞棒の刀を抜いて上から振り下ろしましょう！

▌ねらい
とききめ 　〔肩の柔軟性維持〕

楽しみかた

① 　新聞棒を両手で握って，刀を腰に差すポーズをします。
② 　腰から刀を抜くマネをして，構えます。
③ 　刀のようにして，新聞棒を上から振り下ろします。（４回繰り返し）

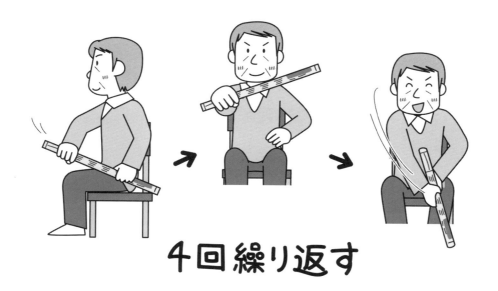

４回繰り返す

みちお先生のワンポイント

・むずかしいときは，新聞棒を上から振り下ろすだけでもオッケーです！

笑いのテクニック
・最後は一番いい顔をして，かっこよく終わります！

⑤ たたいてスッキリ

新聞棒を振り下ろして床をたたきましょう！

| ねらい
とききめ | 握力維持 | ストレス発散 |

楽しみかた

① 新聞棒を片手に持ちます。
② 新聞棒を上から力一杯に振り下ろして床をたたきます。
③ 休みして，手を替えて同様にします。（左右交互に４回ずつ）

左右交互に
４回ずつ

みちお先生のワンポイント

・頭の上から足元をたたくように意識しましょう！

笑いのテクニック
・間違えて自分の足をたたいてしまい痛がる演技をして，笑いにしましょう！

⑥ 重量挙げ

重量挙げをするイメージで新聞棒を持ち上げましょう！

| ねらい
とききめ | 腕のストレッチ　　肩の柔軟性維持 |

楽しみかた

① 足を肩幅にひらいて，両手で新聞棒の両端を持ちます。

② 両腕を上に伸ばして，新聞棒を頭の上に持ち上げます。

③ 片足を前に出して，胸を張ります。一休みして，４回繰り返します。

４回繰り返す

みちお先生のワンポイント

・余裕があればより高く，むずかしいときはより低く，体力レベルに合わせてしましょう！

笑いのテクニック
・持ち上げたあとは，自分の中で一番いい顔をして締めくくってください！

⑦ 倒れる前に

新聞棒を床に落として倒れる前にキャッチしましょう！

▌ねらい
とききめ　　〔 手先の器用さ維持 〕〔 反応力アップ 〕

楽しみかた

① 片手に新聞棒を持ち，床に垂直に落とします。

② 床に落ちた新聞棒が倒れる前に，片手で素早くつかみます。

③ うまくできたら大成功です！　同様に反対の手でします。

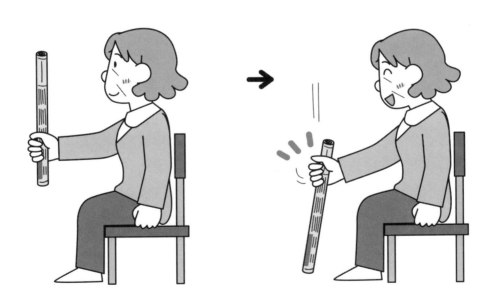

みちお先生のワンポイント

・あわてないように。落ち着いて動作しましょう！

笑いのテクニック

・支援者がわざと失敗するのも，笑いになって盛り上がります！

⑧ 8の字回し

新聞棒で宙に大きな8の字を描きましょう！

▎ねらい
　とききめ　　　　（肩の柔軟性維持）

楽しみかた

① 　片手で新聞棒を軽く握ります。
② 　新聞棒で宙に大きな8の字を描きます。
③ 　同様に反対の手でします。（左右交互に4回ずつ）

左右交互に
4回ずつ

みちお先生のワンポイント

・リラックスして，腕を大きく動かしましょう！

笑いのテクニック
・途中で新聞棒をコツンと頭にぶつけても笑いになります！

⑨ 頭に乗せて

頭の上に新聞棒を横に寝かせて乗せてみましょう！

┃ ねらい とききめ　　⟨反応力アップ⟩　⟨バランス力アップ⟩

楽しみかた

① 新聞棒を横にして，頭の上に乗せます。

② 新聞棒を落とさないようにバランスを取ります。

③ カウントして，できるだけ長くキープしましょう！

みちお先生のワンポイント

・あまり無理をしないように。気軽に楽しんでどうぞ！

笑いのテクニック

・（無理を承知で）新聞棒を頭の上に縦にして乗せてみるのも楽しいです！

⑩ ひとりでキャッチ

新聞棒を真上に投げて，両手でしっかりとキャッチしましょう！

| ねらい と ききめ | 反応力アップ 手先の器用さ維持 |

楽しみかた

① 両手を前に出して，手のひらを上にします。
② 新聞棒を下から上に投げて，両手でしっかりとキャッチします。
③ 一休みして，10回繰り返します。

10回繰り返す

みちお先生のワンポイント

・はじめは，投げる高さを低くして，徐々に高くしていきましょう！

笑いのテクニック
・上に投げた新聞棒が頭に当たる。痛い痛いのポーズをする。そんなハプ
　ニングも笑えます！

おわりに

レクリエーション活動をすると働きやすい現場になる

介護現場でレクリエーション活動をすると，どんないいことがあるのか？
実は，ものすごいメリットがあります。
たとえば。

ストレスの発散ができる。
運動不足解消になる。
脳トレになる。
転倒予防になる。

いいことはまだあります。

シニアのけがや病気の予防になる。（シニアが長生きになる）
シニアの満足度がアップする。
現場スタッフの質が向上する。（ゲームや体操を考える，工夫する）
現場のムードが明るくなる。

さらに。

・ 生活が快適になる。
人間関係が良好になる。（些細なトラブルが減る）
現場スタッフが働きやすくなる。（より長く働く）

どうですか？
これ全部，レクリエーション活動のメリットです。
シニアにも現場スタッフ（支援者）にもこんなにいいことがたくさん。
すごいと思いませんか？

では，レクリエーション活動しないとどうなるのか？
答えは，かんたん。
全部これと反対の結果になります。

シニアの心身機能が著しく低下する。
シニアのけがが増える。
シニアが病気になりやすい。
現場スタッフの仕事の負担が増える。
現場スタッフの働く環境に悪影響を及ぼす。
人手が足りなくなる。
現場スタッフの気持ちや時間に余裕がなくなる。

こうして悪循環が続きます。

これは，ボクがいくつもの現場を見て，思うことです。

　レクリエーション活動を大切にする現場は，シニアが健康でいる確率が高いのです。

　シニアが健康でいれば，現場スタッフの仕事の負担が軽減します。
　その時間と気持ちの余裕は，シニアの身体介護やメンタルケアにつながります。

　レクリエーション活動をすると健康になる。
　レクリエーション活動をすると，結果的に，みんなハッピーです。

　令和５年８月
　　　　　　楽しい体操インストラクター　みちお先生（斎藤道雄）

著者紹介

●斎藤道雄

体操講師，ムーヴメントクリエイター，体操アーティスト。

クオリティ・オブ・ライフ・ラボラトリー主宰。

自立から要介護シニアまでを対象とした体操支援のプロ・インストラクター。

体力，気力が低下しがちな要介護シニアにこそ，集団運動のプロ・インストラクターが必要と考え，運動の専門家を数多くの施設へ派遣。

「お年寄りのふだん見られない笑顔が見られて感動した」など，シニアご本人だけでなく，現場スタッフからも高い評価を得ている。

[お請けしている仕事]

○体操教師派遣（介護施設，幼稚園ほか）　○講演　○研修会　○人材育成　○執筆

[体操支援・おもな依頼先]

○養護老人ホーム長安寮

○有料老人ホーム敬老園（八千代台，東船橋，浜野）

○淑徳共生苑（特別養護老人ホーム，デイサービス）ほか

[講演・人材育成・おもな依頼先]

○世田谷区社会福祉事業団

○セントケア・ホールディングス（株）

○（株）オンアンドオン（リハビリ・デイたんぽぽ）ほか

[おもな著書]

○『思いっきり笑える！　シニアの足腰を強くする転ばない体操40　付・ペットボトル体操10』

○『思いっきり笑える！　シニアの笑顔ストレッチ＆体ほぐし体操40　付・新聞紙体操10』

○『思いっきり笑える！　要介護シニアも集中して楽しめる運動不足解消体操40　付・お手玉体操10』

○『思いっきり笑える！　シニアの介護予防体操40　付・支援者がすぐに使える笑いのテクニック10』

○『しゃべらなくても楽しい！　椅子に座ってできるシニアの1，2分間筋トレ体操55』

○『しゃべらなくても楽しい！　シニアの筋力低下予防体操40＋体操が楽しくなる！　魔法のテクニック10』

○『しゃべらなくても楽しい！　シニアの笑顔で健康体操40＋体操支援10のテクニック』

○『しゃべらなくても楽しい！　シニアの立っても座ってもできる運動不足解消健康体操50』

○『しゃべらなくても楽しい！　シニアの若返り健康体操50』

（以上，黎明書房）

[お問い合わせ]

ホームページ「要介護高齢者のための体操講師派遣」：http://qollab.online/

メール：qollab.saitoh@gmail.com

＊イラスト・さややん。

脳も体も一緒に元気になる健康体操40　付・新聞棒体操10

2023年11月10日　初版発行

著　者　斎　藤　道　雄
発　行　者　武　馬　久仁裕
印　刷　藤原印刷株式会社
製　本　協栄製本工業株式会社

発　行　所　　株式会社　黎　明　書　房

〒460-0002　名古屋市中区丸の内3-6-27　EBSビル　☎ 052-962-3045
FAX 052-951-9065　振替・00880-1-59001
〒101-0047　東京連絡所・千代田区内神田1-12-12　美土代ビル6階
☎ 03-3268-3470

思いっきり笑える！　シニアの足腰を強くする転ばない体操40　付・ペットボトル体操10 斎藤道雄著　　　　　　B5・63頁　1720円	足腰を強くし運動不足も解消する一挙両得の「つまずかない転ばない体操」で，シニアも支援者も笑顔に！　ペットボトルを使った簡単で盛り上がる体操も紹介。2色刷。
思いっきり笑える！　シニアの笑顔ストレッチ＆体ほぐし体操40　付・新聞紙体操10 斎藤道雄著　　　　　　B5・63頁　1720円	笑顔ストレッチで脱マスク老け！　「レロレロ体操」「キリンの首伸ばし」などの楽しい体操で，全身をほぐしましょう。新聞紙を使った簡単で盛り上がる体操も紹介。2色刷。
思いっきり笑える！　要介護シニアも集中して楽しめる運動不足解消体操40　付・お手玉体操10 斎藤道雄著　　　　　　B5・63頁　1720円	しゃべらなくても楽しい体操で運動不足解消！　シニアも支援者（おうちの方）も集中して楽しめる体操がいっぱいです。お手玉を使った体操も紹介。2色刷。
思いっきり笑える！　シニアの介護予防体操40　付・支援者がすぐに使える笑いのテクニック10 斎藤道雄著　　　　　　B5・63頁　1720円	日常生活の動作も取り入れた体操40種と，体操をもっと面白くする支援者のための笑いのテクニックを10収録。立っていても座っていても出来て，道具も必要ないので安心。2色刷。
しゃべらなくても楽しい！　椅子に座ってできるシニアの1，2分間筋トレ体操55 斎藤道雄著　　　　　　B5・68頁　1720円	椅子に掛けたまま声を出さずに誰もが楽しめる筋トレ体操を55種収録。生活に不可欠な力をつける体操が満載です。2色刷。『椅子に座ってできるシニアの1，2分間筋トレ体操55』を改訂。
しゃべらなくても楽しい！　シニアの筋力低下予防体操40＋体操が楽しくなる！　魔法のテクニック10 斎藤道雄著　　　　　　B5・63頁　1700円	「ドアノブ回し」などの日常生活の動作も取り入れた，しゃべらずに座ったままできる楽しい体操40種と，体操をもっと効果的にする10のテクニックを紹介。シニアお一人でもできます。2色刷。
しゃべらなくても楽しい！　シニアの笑顔で健康体操40＋体操支援10のテクニック 斎藤道雄著　　　　　　B5・63頁　1700円	「おさるさんだよ〜」をはじめ，思わず笑ってしまうほど楽しくて誰でも続けられる体操40種と，支援者のための10のテクニックを紹介。シニアお一人でもお使いいただけます。2色刷。
しゃべらなくても楽しい！　シニアの立っても座ってもできる運動不足解消健康体操50 斎藤道雄著　　　　　　B5・63頁　1700円	立っても座ってもできるバラエティー豊かな体操で，楽しく運動不足解消！　「かんぱーい！」「ふたりのキズナ」など，効果的な体操がいっぱい。シニアお一人でもお使いいただけます。2色刷。
しゃべらなくても楽しい！　認知症の人も一緒にできるリズム遊び・超かんたん体操・脳トレ遊び 斎藤道雄著　　　　　　B5・64頁　1700円	①しゃべらない，②さわらない，③少人数を守って楽しく体や頭を動かせるレクが満載。『認知症の人も一緒に楽しめる！　リズム遊び・超かんたん体操・脳トレ遊び』をコロナ対応に改訂。2色刷。

表示価格は本体価格です。別途消費税がかかります。

■ホームページでは，新刊案内など，小社刊行物の詳細な情報を提供しております。「総合目録」もダウンロードできます。
http://www.reimei-shobo.com/